Eschenbach

Vokabeltrainer Spanisch B1

Band 1

AF206579

Thomas Eschenbach

Vokabeltrainer Spanisch B1

Band 1

Bibliografische Information der Deutschen Nationalbibliothek: Die Deutsche Nationalbibliothek verzeichnet diese Publikation in der Deutschen Nationalbibliografie; detaillierte bibliografische Daten sind im Internet über www.dnb.de abrufbar.

Herstellung:
BoD – Books on Demand, Norderstedt

ISBN 978-3-7494-3577-7

Vorwort

Der Spanisch Vokabeltrainer B1 dient — aufbauend auf den Vokabeltrainern A1 und A2 — der einfachen Wiederholung von Vokabeln. Der Leser kann die wichtigsten Wörter der Niveaustufe B1 ohne viel Anstrengung erlernen. Einzelne wichtige Vokabeln werden im Buch vereinzelt auch wiederholt. Noch zu festigende Vokabeln brauchen nicht mühevoll nachgeschlagen werden. Sie können sich durch Ausschlussverfahren einzelne Vokabeln aneignen oder die Übersetzungen auf derselben Seite unten nachlesen. Ein Muster für die Zuordnung der einzelnen spanischen Wörter zu deren Übersetzungen finden Sie auf der ersten Seite.

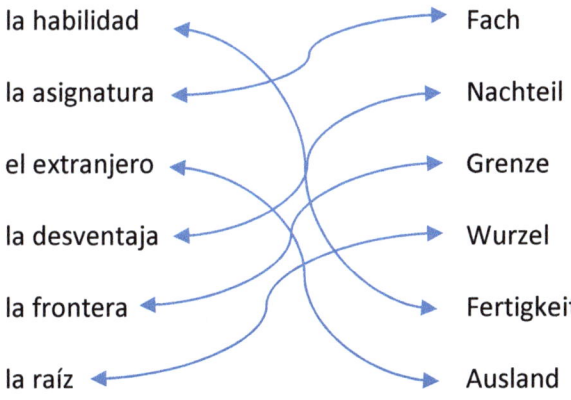

la habilidad	Fach
la asignatura	Nachteil
el extranjero	Grenze
la desventaja	Wurzel
la frontera	Fertigkeit
la raíz	Ausland

Lösung:

Fertigkeit
Fach
Ausland
Nachteil
Grenze
Wurzel

cronológico/a	gefragt
la esquina	Radiosender
la estancia	Aufenthalt
la emisora de radio	Geschmack
solicitado/a	chronologisch
el sabor	Ecke

Lösung:

chronologisch
Ecke
Aufenthalt
Radiosender
gefragt
Geschmack

la caminata	Ziel
el objetivo	Endung
la alimentación	Fußmarsch
el Mar del Norte	Nordsee
la terminación	Tasche
el bolso	Ernährung

Lösung:

aventurero/a	fallen
la insolación	Orkan
ocurrir	unglaublich
caerse	geschehen
increíble	abenteuerlich
el huracán	Sonnenstich

Lösung:

abenteuerlich
Sonnenstich
geschehen
fallen
unglaublich
Orkan

facturar	besorgt
quejarse	verflucht
maldito/a	sich beschweren
la rueda pinchada	einchecken
preocupado/a	Vorstellungskraft
la imaginación	Reifenpanne

Lösung:

einchecken
sich beschweren
verflucht
Reifenpanne
besorgt
Vorstellungskraft

confesar	übermitteln
transmitir	träumen
soñar	Journalist/in
el/la periodista	Hausarbeit
el/la comerciante	Kaufmann/-frau
las tareas de la casa	gestehen

Lösung:

gestehen
übermitteln
träumen
Journalist/in
Kaufmann/-Frau
Hausarbeit

promocionar	sich orientieren
medir	untersuchen
orientarse	Kartoffel
investigar	Kaffeemaschine
la cafetera	fördern
la papa	messen

Lösung:

fördern
messen
sich orientieren
untersuchen
Kaffeemaschine
Kartoffel

la autoevaluación	ungefähr
aproximadamente	notieren
el contexto	verwechseln
anotar	unwirklich
confundir	Kontext
irreal	Selbsteinschätzung

Lösung:

el taller	gegensätzlich
el sujeto	Werkstatt
estratégico/a	vortragen
recitar	strategisch
contrario/a	Subjekt
evocar	ins Gedächtnis rufen

Lösung:

Werkstatt
Subjekt
strategisch
vortragen
gegensätzlich
ins Gedächtnis rufen

el tranvía	Mitternacht
el argumento	Titelseite
el hecho	Manuskript
el manuscrito	Ereignis
la portada	Handlung (Buch/Film)
la medianoche	Straßenbahn

Lösung:

Straßenbahn
Handlung (Buch/Film)
Ereignis
Manuskript
Titelseite
Mitternacht

el libro electrónico	Literatur
digital	Wahrscheinlichkeit
la probabilidad	heimlich
las letras	E-Book
en secreto	appetitlich
apetitoso/a	digital

Lösung:
E-Book
digital
Wahrscheinlichkeit
Literatur
heimlich
appetitlich

el sentido	Organ
la vendimia	Zeichnen
el órgano	weich
la señal	Sinn
redondo/a	rund
blando/a	Weinlese

Lösung:

saborear	Wurst
invidente	ungeschickt
torpe	schmecken
la salchicha	Erbe
envolver	einwickeln
la herencia	blind

Lösung:
schmecken
blind
ungeschickt
Wurst
einwickeln
Erbe

el perfume	unterscheiden
la autopista	Figur
distinguir	hinken
el físico	Autobahn
el personaje	Aussehen
cojear	Wohlgeruch

Lösung:

liso/-a	glatt
la cuestión	Frage(stellung)
la celebridad	Feministin
harto/a	Berühmtheit
la feminista	Prototyp
el prototipo	überdrüssig

Lösung:

glatt
Frage(stellung)
Berühmtheit
überdrüssig
Feministin
Prototyp

cotillear	zusätzlich
tacaño	knauserig
adicional	Vermögen
el indicativo	tratschen
razonable	vernünftig
la fortuna	Indikativ

Lösung:

tratschen
knauserig
zusätzlich
Indikativ
vernünftig
Vermögen

la vecindad	Nachbarschaft
la comprensión	Verständnis
surgir	Schema
el esquema	Hörer/in
el/la oyente	(be)siegen
vencer	entstehen

Lösung:

Nachbarschaft
Verständnis
entstehen
Schema
Hörer/in
(be)siegen

el azafrán	sich ereignen
gritar	Macke
la manía	gegenüberstellen
el racismo	schreien
contrastar	Rassismus
ocurrir	Safran

Lösung:

Safran
schreien
Macke
Rassismus
gegenüberstellen
sich ereignen

inscribirse	aufhängen
colgar	tratschen
la abreviatura	sich eintragen
chismear	sich vertraut machen
familiarizarse	Liebesbeziehung
la relación amorosa	Abkürzung

Lösung:

opinar	Taufe
la ceremonia	werfen
el bautizo	neulich
echar	meinen
recientemente	Zeremonie
el tacón	(Schuh-)Absatz

Lösung:
meinen
Zeremonie
Taufe
werfen
neulich
(Schuh-)Absatz

habitual	Loch
la prueba	subjektiv
el agujero	gewohnheitsmäßig
subjetivo/a	Probe
universal	Konvention
la convención	universell

Lösung:

gewohnheitsmäßig
Probe
Loch
subjektiv
universell
Konvention

material	oberflächlich
argumentar	Planung
superficial	festlegen
fijar	materiell
la planificación	Wendung
el giro	argumentieren

Lösung:

materiell
argumentieren
oberflächlich
festlegen
Planung
Wendung

de maravilla	wunderbar
frotar	Gebirgskette
la conferencia	grenzen
limitar	reiben
la cordillera	feucht
húmedo	Konferenz

Lösung:

wunderbar
reiben
Konferenz
grenzen
Gebirgskette
feucht

suave	Philologe/-in
la afirmación	mehrsprachig
plurilingüe	Teilnehmer/-in
la introducción	mild
el/la asistente	Einleitung
el/la filólogo/-a	Aussage

Lösung:

mild
Aussage
mehrsprachig
Einleitung
Teilnehmer/-in
Philologe/-in

primeramente	Verlust
el cruce	Gegenstück
el equivalente	falsch
equivocado/-a	Kreuzung
el/la conferenciante	zuerst
la pérdida	Redner/in

Lösung:
zuerst
Kreuzung
Gegenstück
falsch
Redner/in
Verlust

exponer	Folklore
el folclore	chemisch
elaborado/-a	verfeinert
la loncha	vortragen
curar	Scheibe (Schinken)
químico/-a	lufttrocknen

Lösung:

vortragen
Folklore
verfeinert
Scheibe (Schinken)
lufttrocknen
chemisch

uniforme	einheitlich
solidario/-a	ausgehen
la inflación	solidarisch
reclamar	Geldentwertung
el logo	fordern
partir	Logo

Lösung:
einheitlich
solidarisch
Geldentwertung
fordern
Logo
ausgehen

la flauta	Bürgerbewegung
la central nuclear	Huhn
la participación	Beteiligung
la gallina	Atomkraftwerk
el movimiento	Aggression
la agresión	Flöte

Lösung:

Flöte
Atomkraftwerk
Beteiligung
Huhn
Bürgerbewegung
Aggression

el rechazo	wegen
a causa de	Prinzip
pacífico/-a	friedlich
el principio	Ablehnung
altivo/-a	Hochschulstudium
la carrera universitaria	stolz

Lösung:

Ablehnung
wegen
friedlich
Prinzip
stolz
Hochschulstudium

la esperanza	Olivenhain
la mejora	Beerdigung
el cierre	Schließung
el olivar	Verbesserung
el colesterol	Cholesterin
el entierro	Hoffnung

Lösung:

Hoffnung
Verbesserung
Schließung
Olivenhain
Cholesterin
Beerdigung

el compromiso	prophezeien
la multa	Delegation
la delegación	überleben
sobrevivir	ausfüllen
rellenar	Geldbuße
vaticinar	Kompromiss

Lösung:

Kompromiss
Geldbuße
Delegation
überleben
ausfüllen
prophezeien

llamado/-a	sogenannt
el / la observador/a	Synonym
preciso/-a	Beobachter/in
el sinónimo	steinigen
predecir	genau
lapidar	vorhersagen

Lösung:

sogenannt
Beobachter/in
genau
Synonym
vorhersagen
steinigen

festejar	durchfallen
la fila	feiern
educado/-a	Taschenrechner
decorativo/-a	(wohl)erzogen
suspender	dekorativ
la calculadora	Reihe

Lösung:

feiern
Reihe
(wohl)erzogen
dekorativ
durchfallen
Taschenrechner

el comportamiento	anspruchsvoll
exigente	Selbststudium
la coincidencia	Katastrophe
el autoaprendizaje	triumphal
el desastre	Verhalten
triunfal	Übereinstimmung

Lösung:

Verhalten
anspruchsvoll
Übereinstimmung
Selbststudium
Katastrophe
triumphal

el dado	Beginn
crecer	Clown
el payaso	Würfel
el comienzo	schicken
la heladería	aufwachsen
mandar	Eisdiele

Lösung:

futuro/-a	(wert)schätzen
administrar	verwalten
imprescindible	Ikone
el icono	(zu)künftig
valorar	Eis(würfel)
el hielo	unentbehrlich

Lösung:

(zu)künftig
verwalten
unentbehrlich
Ikon
(wert)schätzen
Eis(würfel)

tranquilizar	sich beschweren
quejarse	beruhigen
el esquí acuático	Seife
la iniciativa	Kulturbeutel
el jabón	Initiative
el neceser	Wasserski

Lösung:

la Selva Negra	Verbalform
la forma verbal	schwindlig werden
levantar	Schwarzwald
el seguro de viaje	(hoch)heben
marearse	Reiseversicherung
aparcar	parken

Lösung:

el servicio de asistencia	Bauernhof
relativizar	träumen
la presión (sanguinea)	Blutdruck
el episodio	Folge
soñar	relativieren
la granja	Pannendienst

Lösung:

sin embargo	nochmals
el cotilleo	(Internet-)Forum
la bombilla	Klatsch
la plancha	Bügeleisen
nuevamente	Glühbirne
el foro	trotzdem

Lösung:

trotzdem
Klatsch
Glühbirne
Bügeleisen
nochmals
(Internet-)Forum

el / la destinatario/-a	Punktzahl
la puntuación	Schlange
curioso/-a	Empfänger/in
la serpiente	sonderbar
el / la idealista	Idealist/in
comestible	essbar

Lösung:

Empfänger/in
Punktzahl
sonderbar
Schlange
Idealist/in
essbar

la media de edad	Plenum
el ayuntamiento	dermaßen
el pleno	dringend
urgente(mente)	Püree
el puré	Durchschnittsalter
hasta tal punto que	Rathaus

Lösung:

Durchschnittsalter
Rathaus
Plenum
dringend
Püree
dermaßen

acercarse (a)	Geschlecht
independiente	unabhängig
regresar	Kompetenz
la competencia	sich nähern
contagioso/-a	ansteckend
el género	zurückkehren

Lösung:

sich nähern
unabhängig
zurückkehren
Kompetenz
ansteckend
Geschlecht

descontento/-a	unzufrieden
la reconstrucción	Unpersönlichkeit
desagradable	lästig
molesto/-a	Fenster
la ventana	unangenehm
la impersonalidad	Wiederaufbau

Lösung:

unzufrieden
Wiederaufbau
unangenehm
lästig
Fenster
Unpersönlichkeit

la señal	Schuld
la percepción	Wahrnehmung
la culpa	Physiotherapie
la causa	Zeichen
la tortura	Qual
la fisioterapia	Ursache

Lösung:

la ola	Aufnahme
la grabación	roh
vegetariano/-a	Panoramablick
crudo/-a	Einwanderung
la inmigración	Welle
la vista panorámica	vegetarisch

Lösung:

Welle
Aufnahme
vegetarisch
roh
Einwanderung
Panoramablick

ensayar	Gemütszustand
semi-seco	verehren
el estado de ánimo	Stroh
frágil	halbtrocken
adorar	zerbrechlich
la paja	proben

Lösung:

rizado	lockig
el autorretrato	Selbstportrait
el/la productor/a	Manager/in
deprimido/-a	Produzent/in
el/la ejecutivo/-a	deprimiert
la ceniza	Asche

Lösung:

lockig
Selbstportrait
Produzent/in
deprimiert
Manager/in
Asche

aguantar	Kosten
céntrico/-a	erreichen
amplio/-a	weit
los gastos	Erdgas
el gas natural	ertragen
lograr	zentral gelegen

Lösung:

ertragen
zentral gelegen
weit
Kosten
Erdgas
erreichen

la amistad	fett
el apoyo	Freundschaft
subir	unendlich
en negrita	Unterstützung
infinito/-a	färben
teñir	einsteigen

Lösung:

Freundschaft
Unterstützung
einsteigen
fett
unendlich
färben

el rayo (de sol)	soziales Netz(werk)
el esponsor	violett
violeta	Sponsor
la falta de educación	beleidigt
ofendido/-a	(Sonnen-)Strahl
la red social	Unhöflichkeit

Lösung:

(Sonnen-)Strahl
Sponsor
violett
Unhöflichkeit
beleidigt
soziales Netz(werk)

la inscripción	Anmeldung
el sentido figurativo	unbekannt
andar	gehen
desconocido/-a	leicht
recuperarse (de)	sich erholen (von)
leve	übertragener Sinn

Lösung:

Anmeldung
übertragener Sinn
gehen
unbekannt
sich erholen (von)
leicht

radiofónico/-a	bestimmte/r/s
determinado/-a	Hochschulabschluss
la convicción	Radio-, Rundfunk-
la graduación	Überzeugung
civil	Gegensatz
el contraste	zivil

Lösung:

el ramo de flores	thematisch
soplar	sich amüsieren
divertirse	blasen
temático/-a	Büffet
el bufet	Blumenstrauß
lila	lila

Lösung:

la uña	geistlich
puntuar	muskulös
musculoso/-a	Einschränkung
espiritual	aufzwingen
la restricción	mit Punkten bewerten
imponer	Fingernagel

Lösung:

poderoso/-a	Freude machen
contar con	Südamerika
dar gusto	rechnen mit
la presión atmosférica	Luftdruck
Sudamérica	atlantisch
atlántico/-a	mächtig

Lösung:

hacer realidad	Botschaft
el segundo	Oberfläche
la superficie	Bildungseinrichtung
la nieve	verwirklichen
la institución educativa	Sekunde
la embajada	Schnee

Lösung:

verwirklichen
Sekunde
Oberfläche
Schnee
Bildungseinrichtung
Botschaft

el proyector	Redner/in
señalar	Projektor
el/la catedrático/-a	verbieten
prohibir	signalisieren
el/la conferenciante	gliedern
estructurar	(Universitäts-)Professor

Lösung:

Projektor
signalisieren
(Universitäts-)Professor
verbieten
Redner/in
gliedern

la pata trasera	Zeltlager
el paro	Arbeitslosigkeit
la acampada	Klarinette
la intolerancia	Altenwohnheim
la residencia	Hinterbein
el clarinete	Intoleranz

Lösung:

Hinterbein
Arbeitslosigkeit
Zeltlager
Intoleranz
Altenwohnheim
Klarinette

aislado/-a	Immobilien-
la vacuna	Impfung
la pancarta	Sonnencreme
la crema solar	Plakat
inmobiliario/-a	unverständlich
incomprensible	isoliert

Lösung:

isoliert
Impfung
Plakat
Sonnencreme
Immobilien-
unverständlich

el/la tutor/a	Interesse wecken
la materia	einen Fehler begehen
despertar el interés	Tutor/in
cometer un error	Fußballspieler/in
resultar difícil	Materie
el/la futbolista	schwerfallen

Lösung:

Tutor/in
Materie
Interesse wecken
einen Fehler begehen
schwerfallen
Fußballspieler/in

entusiasmarse por

respetuoso/-a

la actitud

hacia

el dictado

resultar

Diktat

sich erweisen als

respektvoll

in Richtung auf

sich begeistern für

Haltung

Lösung: